ছেলেমেয়েরা উত্তেজিত হল। তারা তারিকের মাকে বড় থেকে বড় এবং আরো বড় হতে দেখেছে। তারা সেই বড় দিনটির জন্য অপেক্ষা করেছিল।

The children were excited. They had seen Tariq's mum getting bigger and bigger and bigger. They had been waiting for the big day.

তার শিক্ষক, মিস স্মীথ জিজ্ঞাসা করল, "তারিক ব্যাগে কি আছে?"
"আমার মা আমাকে এ খেজুরগুলো দিয়েছে সবাইকে ভাগ করে দিতে। আমরা নতুন শিশুকে খেজুরের নরম অংশ দিয়ে থাকি, এটা তাদের স্বাদ নেয়ার প্রথম খাবার।"

"What's in the bag, Tariq?" asked his teacher, Miss Smith.
"My mum gave me these dates to share with everyone. We give a new baby a soft piece of date, the first thing they will ever taste."

W aby

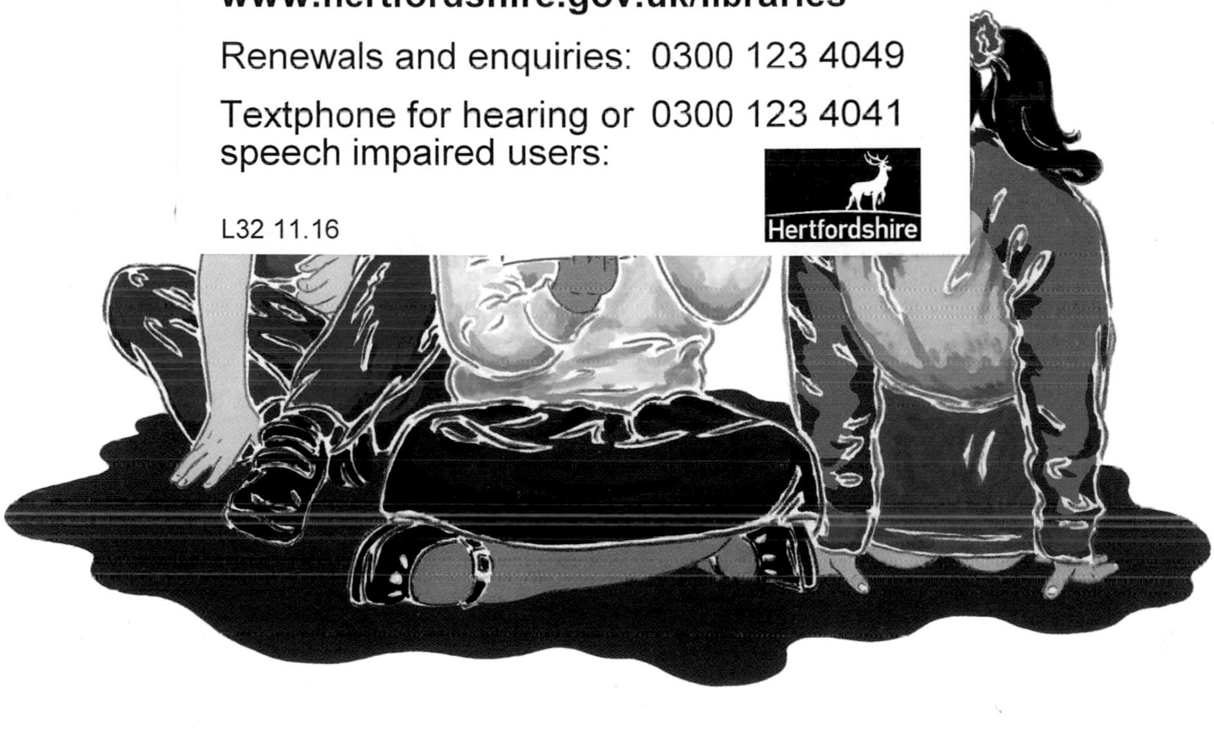

Na'ima bint Robert
Illustrated by Derek Brazell

Bengali translation by Naznin Robinson

সোমবার সকালে তারিক তার মুখে অনেক হাসি নিয়ে স্কুলে এল।
সে উচ্চস্বরে বলল, "সকলে, অনুমান করতো কি? আমি শনিবারে যখন জাগলাম তখন নতুন ছোট্ট ভাই আমার মার বিছানায় ছিল। "

On Monday morning, Tariq came to school with a huge smile on his face. "Guess what, everyone?" he cried. "I woke up on Saturday and my new baby brother was in my mum's bed!"

ছেলেমেয়েরা সবাই খেজুর খেলো।
হুম, এটা খেতে মিষ্টি এবং নরম।

The children all had a date.
Hmmm, it tasted sweet and smooth.

ছেলেমেয়েরা স্কুলে পাঁচ ইন্দ্রিয়ের বিষয়ে শিখেছিল এবং তারা সবাই স্বাদ, স্পর্শ, দেখা, শোনা এবং গন্ধ সম্পর্কে জানতো।

The children had been learning about the five senses in school and they all knew about tasting, touching, seeing, hearing and smelling.

মিস স্মীথ জিজ্ঞাসা করল, "তোমরা ক'জনে সম্প্রতি নতুন ছোট্ট ভাই অথবা বোন পেয়েছ?"
বেশ কয়েকটা হাত উঠল।

"How many of you have had a new baby brother or sister recently?" asked Miss Smith.
Quite a few hands shot up.

মিস স্মীথ বলল, "তোমরা কি তোমাদের বাবা-মাকে জিজ্ঞাসা করতে পার কিভাবে তোমরা নতুন শিশুকে তোমাদের পরিবারে স্বাগত জানাও? তোমরা সবাই হয়ত শুক্রবারে কিছু নিয়ে আসতে পার এবং ঐ সম্পর্কে আমাদের বলতে পার। "

"Can you ask your parents how you welcome new babies in your family? Maybe you can all bring something in on Friday and tell us about it," said Miss Smith.

বেন প্রশ্ন করল, "আমরা যে কোন কিছু
আনতে পারি?"
"হ্যাঁ, বেন,এ পাঁচটি ইন্দ্রিয়ের মধ্যে কাজ
করে এমন যা কিছু তুমি চাও তা আনতে পার। "

"Can we bring anything?" asked Ben.
"Yes, Ben. Anything you like, as long as it's to do
with the five senses!"

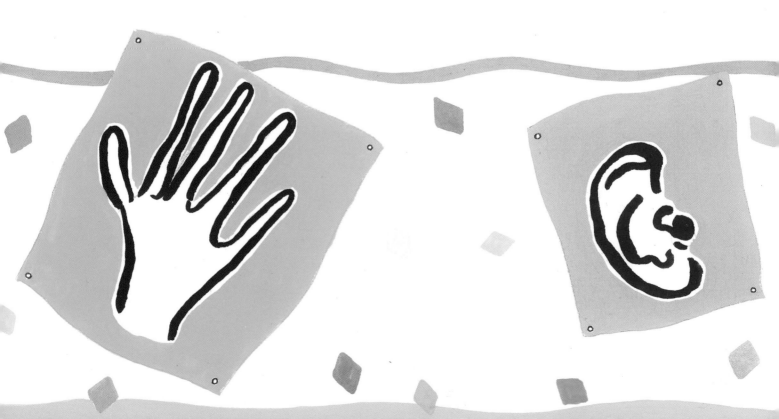

শুক্রবার, সব ছেলেমেয়েরা
আনলো বিশেষ কিছু সঙ্গে করে।
মিস স্মীথ তাদের গোলাকার ভাবে বসালেন।
তিনি শুরু করলেন, "এখন ছেলেমেয়েরা,
আমরা অনেকেই জানি পরিবারে একটি নতুন
শিশুর আগমন কতটা আনন্দের। এটা সবার জন্যই
বড় আনন্দের এবং উদ্যাপনের সময়। এসো দেখি,
আমরা প্রত্যেকের বাড়ীতে নতুন শিশুর আগমন
কেমন হয়। "

On Friday, all the children came to school with something extra special.
Miss Smith sat them down in a circle.
"Now children," she began, "many of us know how wonderful it is to have
a new baby in the family. For everyone it's a time of great joy and
celebration. Let's find out what it's like to be a new baby in
each other's homes."

সে প্রশ্ন করল, "আচ্ছা, এ্যান-মেই, তোমাদের বাড়ীতে যখন নতুন শিশু জন্মায় তখন কি ঘটে?"
এ্যান-মেই খুবই সতর্কভাবে একটি ছোট্ট, লাল রং করা ডিম দেখাল।

"So, An-Mei, what happens when a new baby is born in your house?" she asked.
Very carefully An-Mei brought out an egg, a little egg, painted red.

"একটা করে এরকম ডিম আমার মা ও বাবা আমাদের পরিবার এবং বন্ধুদের উপহার হিসাবে দিয়েছিল। এটা লাল রং করা হয়েছে, রংটি সৌভাগ্যের জন্য। ডিমটি জন্মের, জীবন এবং বৃদ্ধির প্রতীক। এটা তোমার হাত দিয়ে স্পর্শ কর," সে ব্রাইনকে দিতে দিতে বলল।

"This is one of the eggs that my mum and dad gave as gifts to our family and friends. It is painted red, the colour of good luck. The egg stands for birth, life and growth. Touch it with your hands," she said, passing it to Brian.

ব্রাইন ছোট্ট ঠান্ডা ডিম টোকা দিয়ে বলল,
"এটা আমার মায়ের মুখের মত
খুবই মসৃন।"
অন্যান্য ছেলেমেয়েরা খুসী হোল।
মিস স্মীথ প্রশ্ন করল, "এখন, এরপরে কে?"

"It's so smooth just like my mum's face,"
said Brian, stroking the cool little egg.
The other children all smiled.
"Now, who's next?" asked Miss Smith.

ধীরে, সাইদা একটি ছোট্ট সাদা খাম খুলল তাতে একটি চুলের গুচ্ছ, কোঁকড়ানো কালো চুলের গুচ্ছ, সাদা ফিতা দিয়ে বাধা অবস্থায় বের করল।

Slowly, Saida opened a small white envelope and took out a lock of hair, a lock of curly dark hair, tied with a white ribbon.

“এটা আমার ছোট্ট ভাইয়ের প্রথম চুলের কিছুটা যা আমার আব্বা এবং আম্মা আমার ভাই যখন সাত দিনের, তখন মাথা কামিয়ে সেই চুল রেখেছিল।”
বেন জিজ্ঞাসা করল, “কেন?”
সাইদা বলল, “এই কারনে যে তারা এটা স্বর্ণালংকারের কাছে নিয়ে গিয়ে ওজন করতে পারে। তারপর এটার ওজনের সমান রুপা দিয়েছিল দরিদ্রদের সাহায্য করার জন্য।”

“This is some of my baby brother’s first hair that was kept after Amma and Abba shaved my brother’s head, when he was only seven days old.”
“Why?” asked Ben.
“So that they could take it to the jewellers and weigh it. Then they gave its weight in silver to help the poor,” said Saida.

সে এটা ক্যারোলাইনের কাছে দিল এবং বলল, "তোমার আঙ্গুল দিয়ে ধরে দেখ। আমার ছোট্ট ভাইয়ের প্রথম চুল... " ক্যারোলাইন ছোট্ট কোঁকড়ানো চুলে হাত বুলাতে বুলাতে বলল, "এটা খুব হালকা আর নরম। "

She passed it to Caroline. "Feel it with your fingers," she said.
"My baby brother's first hair..."
"It's so light and soft," Caroline said, stroking the little curl.

এরপর ছিল ডিমিট্রির পালা। সে একটি ছোট বাক্স খুলল।
এরমধ্যে ছিল মুদ্রা, স্বর্ণ এবং রুপার মুদ্রা, কালো বাক্সে তাহা ঝিকমিক করছিল।

Next it was Dimitri's turn. He opened a small box.
In it were coins, gold and silver coins,
shining in the dark box.

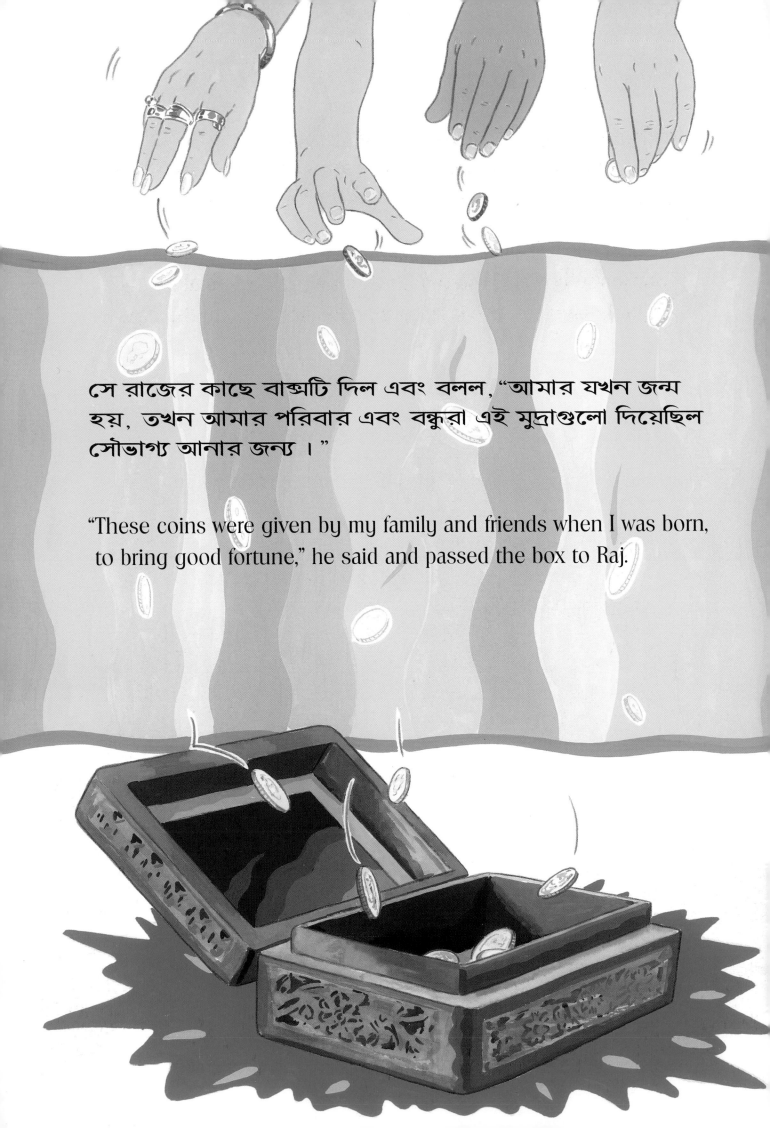

সে রাজের কাছে বাক্সটি দিল এবং বলল, "আমার যখন জন্ম হয়, তখন আমার পরিবার এবং বন্ধুরা এই মুদ্রাগুলো দিয়েছিল সৌভাগ্য আনার জন্য।"

"These coins were given by my family and friends when I was born, to bring good fortune," he said and passed the box to Raj.

"বাক্সটি ঝাকাও এবং মুদ্রার শব্দ শোন। "
"এটা ঝুন ঝুন শব্দ করে! " রাজ বাক্সের কাছে তার কান
রেখে উচ্চস্বরে বলল।

"Shake the box and listen to the sound the coins make."
"It jingle-jangles!" cried Raj, putting his ear close to the box.

নাদিয়া লজ্জিতভাবে বলল, "মিস, আমি একটা জিনিষ পেয়েছি।"
সে একটি ব্যাগ উঠাল এবং একটি জাম্পার বের করল, একটি বড়
গরম জামা যা দেখে মনে হল এটা অনেক ভালোবাসা দেখেছে।

Nadia spoke up, shyly.
"Miss," she said, "I've got something."
She picked up a bag and pulled out
a jumper, a big warm jumper that looked
as though it had seen a lot of love.

সে বলল, "এটা হল আমার বাবার জাম্পার। যখন আমি জন্মে ছিলাম, আমাকে এর মধ্যে জড়িয়ে রাখা হয়েছিল এবং তিনটি বিশেষ নাম দেয়া হয়েছিল।"

"This is my dad's jumper," she said. "When I was born, I was wrapped in it, and given three special names."

সে এটা সারাকে দিল এবং সে কানে
কানে বলল, "তোমার চোখ বন্ধ কর
এবং এটার গন্ধ নেও। এটার গন্ধ
আমার বাবার মত শক্তিশালী এবং
নিরাপদ।"

She passed it to Sara.
"Close your eyes and smell it," she
whispered. "It smells strong and safe
like my dad."

সারা তার চোখ বন্ধ করল এবং গভীরভাবে শ্বাস নিল।
“হুম,” সে বলল, “কত সুন্দর গন্ধ একটি নতুন শিশুর জন্য! ”

Sara closed her eyes and breathed in deeply.
“Hmmm,” she sighed, “what a lovely smell for a newborn baby!”

সবশেষে এলিমার পালা।
তার ব্যাগ থেকে, সে একটি পাতা বের করল, একটি ছোট এ্যালো পাতা।
“যখন আমার জন্ম হয়েছিল, আমাকে এর কিছু দেয়া হয়েছিল,” সে বলল, “স্বাদ নেও।”
সেটায় চাপ দিতে, কিছু রস মোনার আঙুলে পড়ল।

Finally it was Elima’s turn.
From his bag, he brought out a leaf, a small aloe leaf.
“When I was born, I was given some of this,” he said. “Taste it.”
He squeezed it and some juice fell onto Mona’s fingers.

সে আগ্রহের সাথে তার স্বাদ নিল। "ইস! এটা এত তিতা," উচ্চস্বরে মুখ মুছে বলল।

Eagerly she tasted it. "Urghh! It's *so* bitter," she cried, wiping her mouth.

"জীবন তিক্ত হতে পারে এটা শিশুকে শিক্ষা দেয়ার জন্য করা হয়েছিল, কিন্তু . . . " সে একটি মধুর ছোট পাত্র বের করে বলল, "জীবন মধুরও হতে পারে। "

"That is to teach the baby that life can be bitter, but..." he said, bringing out a little pot of honey, "it can also be sweet!"

মোনা দ্রুত এ্যালো স্বাদ দূর করল এক চামচ
সুস্বাদু মধুর মাধ্যমে।

Mona was quick to get rid of the aloe taste with a
spoonful of delicious honey.

"মিস!" কুইশি উচ্চস্বরে বলল,
"আমরা আমাদের সব ইন্দ্রিয়ের
ব্যবহার করেছি, করি নাই কি?"
মিস স্মীথ হাসি মুখে বলল,
"তা ঠিক, কুইশি।"

"Miss!" cried Kwesi, "we've used all of our senses, haven't we?"
"That's right, Kwesi," said Miss Smith, with a huge smile on her face.

“তোমরা সবাই খুব ভালো করেছ! সে কারনে এই টার্মের শেষে আমরা পাঁচটি ইন্দ্রিয়ের একটি বিশেষ পার্টির ব্যবস্থা করব।”
“হুর র রে!” সবাই আনন্দিত হল।
“এবং” মিস স্মীথ বলল, “আমরা একজন বিশেষ অতিথি পাব।”
তারা সবাই অবাক হল সে কে হতে পারে।

“Well done, all of you! As a special treat, we'll have a Five Senses party at the end of term.”
“Hooray!” they all cheered.
“And,” said Miss Smith, “we'll have a surprise visitor.”
They all wondered who that could be.

টার্মের শেষের দিন, যখন ছেলেমেয়েরা তাদের বিশেষ পাঁচ ধরনের ইন্দ্রিয়ের পার্টি উপভোগ করছিল, তখন দরজায় ঠক ঠক শব্দ হল। মিস স্মীথ হেসে জিজ্ঞাসা করল, "এটা কে হতে পারে?"

On the last day of term, while the children were enjoying their special Five Senses party, there was a knock at the door.
"Who can that be?" asked Miss Smith with a big smile.

ধীরে ধীরে দরজা খুলে গেল। সেখানে তারিকের মা . . .
সাথে নতুন শিশু!
ছেলেমেয়েরা আনন্দ প্রকাশ করল। তারা সবাই গান করল,
"শিশু পৃথিবীতে স্বাগতম, পৃথিবীতে স্বাগতম!"

Slowly the door opened.
It was Tariq's mum with...the new baby!
The children cheered.
"Welcome to the world, baby, welcome to
the world!" they all sang.

তারিকের মা এবং তার নতুন শিশু ভাই পার্টিতে অংশগ্রহন করল। তুমি কি জানো, এটা ছিল সবচেয়ে সুন্দর স্বাগতম যা এর আগে কোন শিশু পায়নি!

Tariq's mum and his new baby brother came and joined the party. And do you know, it was the nicest welcome any baby had ever had!